BEI GRIN MACHT SICH IHR WISSEN BEZAHLT

Bibliografische Information der Deutschen Nationalbibliothek:

Die Deutsche Bibliothek verzeichnet diese Publikation in der Deutschen National-
bibliografie; detaillierte bibliografische Daten sind im Internet über http://dnb.d-
nb.de/ abrufbar.

Impressum:

Copyright © 2016 GRIN Verlag, Open Publishing GmbH
Druck und Bindung: Books on Demand GmbH, Norderstedt Germany
ISBN: 978-3-668-24133-6

Dieses Buch bei GRIN:

http://www.grin.com/de/e-book/334371/eignungsdiagnostische-fehleinschaetzungen-
bei-der-personalauswahl-aufgrund

Anonym

Eignungsdiagnostische Fehleinschätzungen bei der Personalauswahl aufgrund der Repräsentativitätsheuristik. Minimierungsmöglichkeiten

GRIN Verlag

Hausarbeit zum Modul

Grundlagen der Psychologie

Minimierung für eignungsdiagnostische Fehleinschätzungen bei der Personalauswahl aufgrund der Repräsentativitätsheuristik

Europäische Fernhochschule Hamburg

Studiengang Betriebswirtschaftslehre und Wirtschaftspsychologie

Abgabedatum: 09.06.2016

Inhaltsverzeichnis

Abbildungsverzeichnis

Einleitung

„War das die richtige Entscheidung?" Diese Frage stellen sich immer mehr Menschen, sowohl im Alltag als auch im Beruf. Auch in der Personalauswahl können Entscheidungen falsch getroffen werden und große Folgen verursachen. Eine Studie von Robert Half (2015) ergab, dass 80% von 200 befragten Personalmanagern einen Mitarbeiter hatten, welcher die an ihn gestellten Erwartungen nicht erfüllen konnte. Dabei sind die Warnsignale besser gegenzusteuern, je eher diese wahrgenommen werden. (Half, 2015)

Laut Half liegen die Konsequenzen einer Fehlentscheidung nicht nur beim Mehraufwand einer Abteilung, sondern auch beim Produktivitätsverlust, da die Leistung der Mitarbeiter gemindert wird und ein Zusatzaufwand seitens des Vorgesetzen entsteht. Da die eigene Arbeit dadurch mehr wird, fühlen Mitarbeiter sich unter Druck gesetzt. Dieses wirkt sich wiederum auf das Betriebsklima aus, sodass eine Unruhe im Team ausgelöst wird. Kosten können aufgrund der neu zu veröffentlichen Stellenanzeige und Gestaltung entstehen. Abbildung 1.1. zeigt die Auswirkungen von Fehlentscheidungen:

TOP 3 Auswirkungen falscher Personalentscheidungen

| 52% | 35% | 12% |
| Produktivitätsverlust | Unruhe im Team/ Einfluss auf Arbeitsmoral | Monetäre Kosten |

Abbildung 1.1. Folgen von Fehlentscheidungen bei der Personalauswahl (Half,2015)

Die nachfolgende Hausarbeit zeigt zum einen wie diese Fehlentscheidungen in der Eignungsdiagnostik aufgrund der Repräsentativitätsheuristik entstehen und zum anderen werden Handlungsempfehlungen dargelegt, um diese Fehleinschätzungen zu minimieren.

Diese Thematik wird umso wichtiger, wenn man sich die Arbeitsproduktivität auf dem Markt ansieht. Danach werden im Jahr 2030 „in den alten Bundesländern zwischen 4,5 und 6,1 Millionen Arbeitskräfte fehlen und in den neuen Bundesländern zwischen 1,3 und 1,6 Millionen Arbeitskräfte zu wenig vorhanden sein" (Strack et al. ‚2015). Im Nachfolgenden wird sich weiter auf Strack et. Al gerichtet. Um die Arbeitskräftelücken zu schließen, müsste die jährliche Wachstumsrate der Arbeitsproduktivität z.B. von 0,6 auf 0,8 Prozent zunehmen. Daraus lässt sich ableiten, dass Unternehmen eine langfristige Personalstrategie entwickeln müssen, um Arbeitskräfte zu gewinnen und anschließend zu sichern. Um die vorhandenen Arbeitskräfte passend zu rekrutieren, sind Fehlentscheidungen zu vermeiden.

In der Einführung dieser Hausarbeit werden zunächst die Begriffe Heuristik und Repräsentativitätsheuristik definiert. Weiterhin werden die zentralen Erkenntnisse der Repräsentativitätsheuristik anhand von Studien dargelegt und anschließend erfolgt ein Fallbeispiel, welches die Gefahr der Fehleinschätzungen in der Eignungsdiagnostik widerspiegelt.

Zum Abschluss der Hausarbeit werden Handlungsempfehlungen zur Minimierung der Fehleinschätzungen gegeben und eine persönliche Einschätzung der Machbarkeit sowie eine abschließende persönliche Stellungnahme dargelegt.

1. Heuristiken

1.1. Definition der Heuristik

Das Wort Heuristik hat seinen Ursprung aus dem Altgriechischen („heurisko" ausgesprochen) und wird mit „suchen" oder „finden" übersetzt.(Kampert & Winter, 2012)

Im Allgemeinen versteht man unter dem Begriff Heuristik „Faustregeln, die eine schnelle, sparsame und meist hinreichend genaue Urteilsbildung ermöglichen". (Werth & Knoll, 2013, zitiert nach Werth & Mayer, 2008, S. 52)

Die Heuristiken werden demnach einerseits für schnelle und sparsame Lösungen eines Problems genutzt und andererseits um schnell zu urteilen und zu entscheiden. Aus diesem Grund werden sie auch Urteilsheuristiken genannt. Diese kurzzeitige Entscheidung kann zunächst als Vorteil gesehen werden, doch der Nachteil liegt auf der Hand: Durch die zu schnelle Entscheidung kommt es zu Fehlentscheidungen und es wird „bloß eine befriedigende und nicht die optimale Lösung angestrebt" (Grünig & Kühn, 2009) Diese Verzerrungen werden als biases bezeichnet. (Werth & Meyer, 2008)

Im Folgenden wird sich weiterhin auf Werth und Meyer (2008) gestützt. Nach den beiden ist die menschliche Kapazität der Informationsverarbeitung begrenzt. Aus diesem Grund greifen Menschen oft bewusst und auch unbewusst zu Heuristiken, da die Informationen für

Entscheidungen etc. vereinfacht erwerbt werden und das zuvor geringere Wissen aufgefüllt wird. Menschen benutzen demnach Heuristiken, wenn nur begrenzte Ressourcen vorhanden sind. Eine zentrale Heuristik ist die Repräsentativitätsheuristik, die nachfolgend näher erläutert wird.

1.2. Definition der Repräsentativitätsheuristik

Die Repräsentativitätsheuristik („representativeness heuristic") wurde 1974 von Tversky und Kahneman eingeführt und die Grundidee ist die, dass „Menschen beim Urteilen stark von wahrgenommenen Ähnlichkeiten beeinflusst werden." (Fischer, Asal, Krueger, 2013)

„Wenn jemand beispielsweise in einer fremden Stadt ein Steak essen möchte – am besten noch auf französische Art zubereitet – und kommt auf der Suche nach einem Lokal an einer Pizzeria vorbei, so würde er nach der Repräsentativitätsheuristik zum Urteil gelangen, dass es unwahrscheinlich ist, hier ein solches Steak zu erhalten, da Pizzerien typischerweise Pizzen und Nudelspeisen anbieten" (Schuh, 2009, zitiert nach Hussy, 1998) Dieses Beispiel verdeutlicht, dass bei der Repräsentativitätsheuristik ein Objekt, welches bestimmte Merkmale aufweist, die typisch für eine Kategorie sind, der entsprechenden Kategorie zugeordnet wird. (Fischer, Asal, Krueger, 2013) Man schließt induktiv darauf, dass die Pizzeria nur ein bestimmtes Sortiment anbietet (Pizzen und Nudelspeisen) und urteilt auf diesem Wissen heraus, dass das gewünschte Gericht (Steak) dort nicht zu bekommen ist. Beim induktiven Schließen werden wahrscheinliche, aber nicht sichere Schlussforderungen gebildet, indem zur Verfügung stehende Informationen mit einbezogen werden. (Gerrig & Zimbardo, 2015) Demnach liegt eine Repräsentativität vor, wenn ein Prototyp und ein Objekt übereinstimmen und man darüber urteilt, dass das Objekt einer Kategorie zu dem Prototypen gehört. Hierbei werden die Objekte der Kategorie durch Wahrscheinlichkeiten zugeordnet. (Goldberg, Rüdiger, von Nitzsch, 2004)

Doch auch bei der Repräsentativitätsheuristik können wie bei allen Heuristiken Fehlentscheidungen auftreten. Man versteift sich öfters sehr auf einige Merkmale der Ereignisse und stuft diese als repräsentativer ein als andere. (Müller-Vivil, 2013). Dadurch werden andere Informationen, die zunächst nicht als repräsentativ eingeschätzt werden, vernachlässigt, obwohl diese zur Entscheidungsfindung ebenso relevant sind.

2. Zentrale Erkenntnisse der Repräsentativitätsheuristik

2.1. Die Vernachlässigung der Basisrate

„The engineer-lawyer problem (Kahneman & Tversky, 1973) included special instructions to ensure that respondents would notice the base-rates of the outcomes." (Gilovich & Dale & Kahneman, 2002, S.65)

In diesem Experiment von Tversky & Kahneman wurden 2 Gruppen Personenbeschreibungen gezeigt und diese sollten anschließend entscheiden, ob die Personen eher ein Stereotyp des Juristen oder ein Stereotyp des Ingenieurs entsprechen. Ein Beispiel für eine Personenbeschreibung sah folgendermaßen aus:

„*Jack is a 45-year-old man. He is married and has four children. He is generally conservative, careful, and ambitious. He shows no interest in political and social issues and spends most of his free time on his many hobbies which include home carpentry, sailing, and mathematical puzzles*" (Eyseneck & Keane,2005, zitiert nach Tversky & Kahneman,1982, S. 15).

Nachfolgend wird sich an Eyseneck & Keane (2005, zitiert nach Tversky & Kahneman) orientiert. Allen Probanden wurde mitgeteilt, dass die Beschreibungen zufällig aus insgesamt 100 Beschreibungen einer psychologischen Befragung gewählt wurden. Allerdings lag der Unterschied in den beiden Gruppen in der unterschiedlichen Basisinformation - denn der einen Gruppe wurde mitgeteilt, dass 70 Juristen und 30 Ingenieure an der Befragung teilgenommen haben, und der zweiten Gruppen wurde mitgeteilt, dass 30 Juristen und 70 Ingenieure beteiligt waren. Doch die unterschiedlichen Basisraten hatten keinen Einfluss auf die Entscheidung der Probanden. Daraufhin entschieden 90 % der Probanden, dass es sich bei der Personenbeschreibung von Jack um einen Ingenieur handelt und beachteten zwar die äußere Beschreibung und die stereotypischen Eigenschaften, aber nicht die Basisrate.

Demnach weisen Menschen eine Tendenz auf, die Basisrate zu vernachlässigen und das Urteil zu verzerren, wenn genügend Information zur Verfügung stehen, die für die Beschreibung repräsentativ sind. (Werth & Knoll, 2013)

2.2. Die Konjunktionstäuschung

Menschen bedenken oft nicht, dass eine Kombination aus verschiedenen Ereignissen unwahrscheinlicher ist als ein Einzelereignis. Hier unterliegen diese Personen dem sogenannten Konjunktionsfehler. (Kirchler, 2011)

Tversky und Kahneman (1982) machten bezüglich der Konjunktionstäuschung das berühmte „Linda- und Bill" Experiment. Die Versuchsteilnehmer erhielten auch hier Personenbeschreibung von Linda und Bill, die folgendermaßen aussahen:

„Bill is 34 years old. He is intelligent, but unimaginative, compulsive, and generally lifeless. In school, he was strong in mathematics but weak in social studies and humanities" (Kahneman & Tversky, 1982)

Die Probanden erhielten nun acht verschiedene Antwortmöglichkeiten, die Aussagen über Bill beinhalteten. Diese wurden so weit aussortiert, dass nur noch zwei Antwortmöglichkeiten übrig blieben:

- Bill is an accountant.
- Bill is an accountant, who plays jazz for a hobby.

Die Ergebnisse bestätigten die Erwartungen, denn die zweite Antwort war für über 80 Prozent der Probanden wahrscheinlicher als die Erste. Für die Probanden war demnach die Konjunktion zweier Ereignisse (accountant, plays jazz) wahrscheinlicher als nur ein Ereignis (accountant). Dieses Phänomen, welches sich ebenfalls wie die Vernachlässigung der Basisrate die Repräsentativität zur Hilfe nimmt, wird wie oben beschrieben als Konjunktionstäuschung/ Konjunktionsfehler bezeichnet. (Kahneman & Tversky, 1982)

3. Fallbeispiel für eignungsdiagnostische Fehlurteile aufgrund der Repräsentativitätsheuristik

Im Folgenden wird mit einem selbst ausgedachten Fallbeispiel dargestellt, wie Fehlurteile in der eignungsdiagnostischen Einschätzung durch die Repräsentativitätsheuristik entstehen. Alle Namen sind willkürlich ausgedacht.

Das neu entstandene Gesundheits-Fitnessstudio „Fit-Health" benötigt für die Neueröffnung noch einen geeigneten Geschäftsführer. Die Mitarbeiteranzahl beläuft sich auf insgesamt 13 Personen. Herr Müller, der Inhaber des „Fit-Health"s , hat bereits drei weitere Studios und ist seiner Meinung nach kompetent genug für die Auserwählung des neuen Geschäftsführers. Da Herr Müller unter Stress steht, bittet er seinen engagiertesten Mitarbeiter Herrn Schlüter, eine Anzeige in der Tageszeitung zu schalten. Er bittet ihn, dass die Stellenbeschreibung unbedingt Wörter wie „sportlich", „zuverlässig" , „engagiert" beinhalten solle. Auf die Anzeige erhielt Herr Müller schon nach zwei Wochen 30 Bewerber. Da ihm die Neueröffnung immer noch jegliche Kraft raubt, bittet er wieder Herrn Schlüter eine Vorauswahl zu treffen und ihm die qualifiziertesten zehn Bewerber vorzulegen. Anschließend sieht Herr Müller sich diese Bewerbungen mit seiner erfahrenen Mitarbeiterin aus einem Studio, Frau Jeising, an, damit sich beide zusammen für die geeignetsten drei Bewerber entscheiden, die zum Bewerbungsgespräch eingeladen werden. Währenddessen berichtet Frau Jeising Herrn Müller von einem Bekannten, Herrn Ulm, mit dem sie damals ihre Ausbildung zur Fitnesskauffrau/man absolvierte. Außerdem erzählt Frau Jeising Herrn Müller, dass Herr Ulm momentan auf der Suche nach einem Job als Geschäftsführer ist. Herr Ulm ist 41 Jahre, verheiratet ohne Kinder, sehr bodenständig und aufgrund seines Engagements und seiner Intelligenz einer der besten während der Ausbildung gewesen. Auch wenn Frau Jeising nicht mehr viel Kontakt mit Herrn Ulm hat, kann sie Herrn Müller noch sagen, dass Herr Ulm sportlich aktiv ist und sogar schon an Wettkämpfen bei der German Natural Bodybuilding & Fitness Federation e.V. (GNBF e.V.) teilgenommen hat. Durch diese Beschreibung macht Herr Müller sich ein Bild von Herrn Ulm. Er stellt sich Herrn Ulm ebenfalls wie Frau Jeising als Fitnesstrainer vor und denkt, dass Sport für ihn nur Krafttraining ist. Da Herr Müller Frau Jeisings Bestreben für einen neuen Geschäftsführer für gut empfindet, tut er ihr einen Gefallen und lädt Herrn Ulm mit zwei weiteren Bewerbern zum Bewerbungsgespräch ein.

Der Tag der Bewerbungsgespräche ist gekommen. Aus geringer Zeiteffizienz gehen alle drei Gespräche an einem Tag vonstatten. Herr Müller hat wie anfangs beschrieben viele Erfahrungen im Bereich von Bewerbungsgesprächen und benötigt seiner Meinung nach keine weitere Vorbereitung. Er hat sich jedoch kurze Fragen notiert, da er das für wichtig empfindet. Noch sitzt Herr Müller freudig an seinem Schreibtisch. Frau Jeising kann dieses Gemüt unterstützen, indem Sie ihm einen Artikel vorlegt, in dem eine Studie besagt, dass bei Bewerbungsgesprächen durchschnittlich 83 % der Probanden ordentlich gekleidet und zuverlässig sind. Diese Rate behält er stets im Hinterkopf, denn das allgemeine Auftreten und Zuverlässigkeit ist für Herrn Müller wichtig.

Bewerber 1 ist pünktlich erschienen und trägt eine bequeme Jeans und ein Hemd. Da für Herrn Müller dieses Erscheinungsbild zu 0% zu seiner Vorstellung des Prototyps eines

Geschäftsführers passt, beendet er das Gespräch bedenkenlos nach 20 Minuten. Er steckt den Bewerber 1 direkt in die Kategorie der Unzuverlässigkeit ein und ist diesbezüglich enttäuscht, da die Studie, die Frau Jeising ihm morgens gezeigt hatte, besagte, dass 83% der Bewerber zuverlässig sind.

Pünktlich, passend im Anzug gekleidet und mit vorliegenden Bewerbungsunterlagen ausgestattet tritt Bewerber 2 vor – Herr Ulm. Die Qualifikationen entsprechen sowohl dem Profil der Bewerbung als auch der Vorstellung von Herrn Müllers Prototyp eines Geschäftsführers. Dennoch entscheidet Herr Müller sich gegen Herrn Ulm, da er Bedenken hat, dass Herr Ulm in kein Gesundheitsstudio passt, sondern eher nur zum Krafttraining tendiert. Hierbei ist zu erwähnen, dass Frau Jeising zusätzlich noch eine Physiotherapeuten-Ausbildung gemacht hat, im Gegensatz zu Herrn Ulm. Da das Gespräch fünfzehn Minuten länger dauerte, bekam Herr Müller nicht mit, dass Bewerber 3 zehn Minuten zu spät erscheint, als vereinbart.

Bewerber 3 ergriff durch seine äußere Erscheinung mit einem gepflegtem Anzug, Hemd und Krawatte und seiner inneren, positiven Ausstrahlung direkt die Aufmerksamkeit von Herrn Müller, da Bewerber 3 der Kategorie Geschäftsführer in allen Belangen zutrifft. Aus diesem Grund stellt Herr Müller den Bewerber 3 Herrn Graf ein.

Direkt vor der Neueröffnung des „Fit-Health"s arbeitet Herr Müller Herrn Graf in allen Bereichen ein und zeigt ihm seine Aufgaben als Geschäftsführer. Da beide auf derselben Ebene kommunizieren, empfinden beide die Zusammenarbeit angenehm.

Nach einem erfolgreichen Start des Studios zieht Herr Müller sich zurück und verbringt seinen wohlverdienten Urlaub in Spanien. Nach ein paar Monaten kann jeder direkt sehen, dass Herr Graf eine totale Fehlbesetzung in der Geschäftsführerposition ist. Er weist starke Überforderung auf, zeigt keine gute Kommunikation mit Geschäftspartnern, Kunden und Mitarbeitern, er kommt oft zu spät und demonstriert deswegen keine gute Führungsposition.

An dieser Stelle stellt sich die Frage: Hätte Herr Müller diese Fehlbesetzung umgehen können? Die Antwort lautet definitiv ja! Da die Neueröffnung lange geplant ist, hätte Herr Müller anfangs mehr Zeit für die Besetzung des Geschäftsführers einplanen müssen. Aufgrund seiner hohen Erfahrung in diesem Bereich beabsichtigte er selbst die Besetzung des Geschäftsführers. Durch seine vielen Begegnungen im Bezug auf Bewerbungsgespräche und seiner konkreten Vorstellungen manifestierte sich jedoch ein Prototyp des guten Geschäftsführers im Kopf von Herrn Müller, mit dem er selbst Herrn Schlüter durch die

Stellenanzeige beeinflusste. Da hieß es der Bewerber müsse „sportlich, zuverlässig und engagiert" sein. Hierbei ist es wichtig, dass der Prototyp sich nicht mit dem Anforderungsprofil, welches in 4.1. näher erläutert wird, widerspricht. Wenn der eigene Prototyp, d.h. die eigene Vorstellung und das Anforderungsprofil zu der zu besetztenden Stelle übereinstimmt, sind dieses optimale Voraussetzungen für eine gute Personalauswahlentscheidung. Wenn der eigene Prototyp jedoch nicht mit dem Anforderungsprofil übereinstimmt, wie es beispielsweise bei Herrn Müller bei Bewerber 1 war, ist es ziemlich schnell, dass man der Urteilsverzerrung unterliegt und vermeintlich eine falsche Entscheidung trifft.

Danach wurden die Bewerbungen gut bezüglich der jeweiligen Qualifikation aussortiert.

Bei dem ersten Bewerbungsgespräch dann vernachlässigte Herr Müller die Basisrate. Am Morgen hatte er wie erwähnt durch Frau Jeising gelesen, dass 83 % der Bewerber zuverlässig sind und dennoch vernachlässigte er diesen Aspekt. Die 83% der Bewerber, die laut der Studie zuverlässig sind, stellt hier die Basisrate dar. Herr Müller unterlag dieser Urteilsverzerrung jedoch und charakterisierte Bewerber 1 wegen seines Kleidungsstils als unzuverlässig. Dadurch vernachlässigt er die Basisrate. Angemessen wäre hier, dass Herr Müller zunächst davon ausgehen soll, dass jeder Bewerber zuverlässig ist. Dieses kostet ihn natürlich mehr Zeit, vernachlässigt jedoch zum Einen nicht die Basisrate und kommt zum anderen demnach zu keiner Urteilsverzerrungen, nur weil man einen durch seine äußere Erscheinung nicht als zuverlässig kategorisiert. Vor allem in dem Fallbeispiel ist das Erscheinungsbild nebensächlich, denn in der Fitnessbranche zählt das Wissen und die tägliche Kleidung besteht nicht aus feinem Anzug und Krawatte. Aus diesem Grund hätte Bewerber 1 eventuell eine gute Besetzung sein können, hätte Herr Müller ihn nicht zuvor als unzuverlässig eingestuft.

Schon bevor das zweite Gespräch mit Herrn Ulm begonnen hat, bildete Herr Müller aufgrund der Beschreibung von Frau Jeising eine Meinung und Vorstellung. Herr Ulm sei Fitnesskaufmann und aktiv im Bereich des Krafttrainings tätig. Herr Müller unterlag der Konjunktionstäuschung, denn für ihn ist es wahrscheinlicher, dass beide Annahmen (Fitneskaumann und aktiv im Bereich des Krafttrainings) eintreffen, als nur die Annahme, dass Herr Ulm nur Fitnesstrainer ist und vernachlässigte dadurch die Qualifikation von Herrn Ulm. Hier hätte Frau Jeising Herrn Müller im Vorgespräch mitteilen können, welche Annahme bei Herrn Ulm überwiegt oder ihn selbst fragen, damit die Konjunktionstäuschung hier nicht überwiegt.

Herr Müller entschied sich für Herrn Graf. Dieser ist für Herrn Müller repräsentativ für die Kategorie des Prototyps eines Geschäftsführers, weil er wie erwähnt eine gute äußere Erscheinung besitzt und ebenfalls von innen heraus strahlt. Diese Aspekte sind für Herrn Müller für eine Besetzung in der Geschäftsführung wichtig. Herr Müller handelte demnach aufgrund der Repräsentativitätsheuristik.

Nachfolgend werden Handlungsempfehlungen vorgeschlagen, die z.B. Herr Müller und alle anderen hoch angesiedelten Verantwortlichen nutzen sollten, um Fehleinschätzungen in der Personalauswahl zu minimieren und nicht der Macht der Urteilsverzerrungen der Vernachlässigung der Basisrate, der Konjunktionstäuschung und dem Stützen auf den Prototyp zu verfallen.

4. Handlungsempfehlungen für die Personalauswahl

Durch das Fallbeispiel wurde nochmals deutlich, wie entscheidend die Repräsentativitätsheuristik in der Personalauswahl ist, um durch die Urteilsverzerrungen keine negativen Sanktionen und Folgen erleben zu müssen. Ein möglicher Ablauf um die Fehlurteile in der Personalauswahl zu minimieren sieht wie folgt aus:

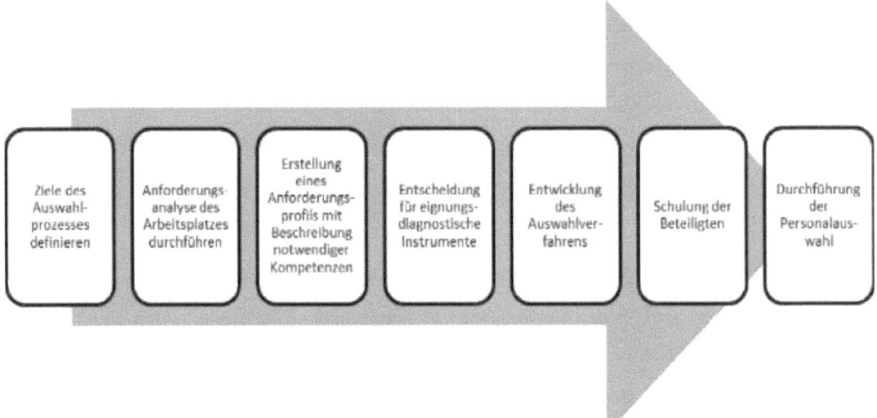

Abbildung 4.1. Prozess zur Implementierung eines Personalauswahlverfahrens (Landes & Steiner, 2013)

Im Folgenden wird kurz auf den Auswahlprozess eingegangen und die Anforderungsanalyse, die Schulung der Beteiligten durch eine Aufmerksamkeitslenkung und die Durchführung der Personalauswahl durch das strukturierte Interview werden genauer beschrieben.

4.1. Die Anforderungsanalyse

Ein Unternehmen bestrebt, Personen zu finden, die eine passgenaue Besetzung einer Stelle einnehmen können. Um dieses zu ermöglichen, sollte jedes Unternehmen zunächst vor einem Bewerbungsgespräch eine Anforderungsanalyse erstellen. Hierbei müssen Arbeitsanforderungen klar und deutlich schriftlich festgehalten werden, damit diese anschließend mit den Qualifikationen und Eigenschaften des Bewerbers verglichen werden können. Die Anforderungsanalyse bietet daher alle vom Bewerber benötigten Informationen, die zur Besetzung der jeweiligen Position nötig sind.

„Nur wenn die Arbeitsanforderungen mit den Fähigkeiten des Mitarbeiters oder der Mitarbeiterin übereinstimmen, kann eine optimale Arbeitsleistung erfolgen" (Landes & Steiner, 2013, S.181) Doch nicht immer stimmen die Anforderungen mit den tatsächlichen Qualifikationen überein. „Liegen die Anforderungen über der Qualifikation, spricht man von einer qualitativen Unterdeckung, im umgekehrten Fall von einer qualitativen Überdeckung" (Nicolai,2006, S.33)

So kann als Beispiel die Stellenanzeige für die Position auf der Anforderungsanalyse aufbauen, damit man sich von keinem Stereotypen verleiten lässt, wie es Herr Müller in dem Fallbeispiel getan hat. Hierbei sollte zwischen Muss - und Wunschanforderungen unterschieden werden. Die Muss-Anforderungen müssen zwingend vom Bewerber vorliegen und sind bei der Vorauswahl zu beachten. Die Wunsch- Anforderungen sind zwar wünschenswert, jedoch müssen diese nicht zwingend vom Bewerber vorliegen. Diese Wunsch-Anforderungen sind eher ein Auswahlkriterium und bei der Schlussentscheidung wichtig. (Landes & Steiner, 2013, S.182)

Ebenfalls möglich sind sogenannte Anforderungsanalyseverfahren wie beispielsweise das Fleishman-Job-Analyse-System für eigenschaftsbezogene Anforderungsanalysen (F-JAS) von Kleinmann, Manzey, Schumacher & Fleishman (2010). Dabei werden insgesamt 73 Skalen in fünf Bereichen, nämlich Kognition; Psychomotorik; Physische Merkmale,

Sensorik/Wahrnehmung; Soziale/interpersonelle Fähigkeiten und Fertigkeiten bestimmt. (Felfe, 2012)

Außerdem kann auch die Vorauswahl durch die Analyse gesteuert werden, wenn die Bewerberanzahl groß ist. Dabei sind die Entscheidungskriterien vorher im Auswahlprozess festzulegen, damit die auserwählte Führungsperson während des Auseinandersetzens mit den Bewerbungen darauf zurückgreifen kann und nicht der Form seines Prototyps verfällt. Daher muss der Personalverantwortliche sich vorher konkret mit dem Anforderungsprofil auseinandersetzen, um nicht aufgrund seines eigenen Prototyps eine Fehlentscheidung zu fällen.

Nachdem die Anforderungsanalyse durchgeführt wurde, muss ein Anforderungsprofil erstellt werden, um die Bewerber gleichermaßen bewerten zu können. Damit eine exakte Einschätzung von Bewerbern auf das jeweilige Verhalten ermöglich werden kann, muss das Anforderungsprofil eine Bewertungsskala haben. (Rohrschneider, Friedrichs & Lorenz, 2010)

4.2. Die Aufmerksamkeitslenkung

Eine weitere Empfehlung ist, dass die Aufmerksamkeit des Urteilers, *„auf direktem oder indirektem Weg gelenkt wird. Zu den direkten Formen der Aufmerksamkeitslenkung zählen das Training des Urteilers und die Beschreibung der Aufgabe. (…) In indirekter Form lässt sich die Aufmerksamkeit eines Urteilers lenken, wenn man diesem bewusst macht, dass die Repräsentativität eine „Falle" darstellt, die für ein korrektes Urteil umgangen werden muss"* (Werth & Knoll, 2013, S.62/63)

In kürzester Zeit sollten demnach die Personalverantwortlichen geschult werden. Nach Raithel (2007) wird dadurch die Wahrscheinlichkeit einschneidender äußerer Ereignisse gering gehalten, die eine mögliche Beeinträchtigung der Ergebnisse der Untersuchungen aufweisen. Dazu gehört z.b. die Konjunktionstäuschung, die durch eine Schulung der Verantwortlichen verringert werden kann. Eine Schulung, die vor den Bewerbungsgesprächen stattfinden sollte, hätte auch Herrn Müller bei seiner Entscheidung zum Finden eines neuen Geschäftsführers helfen können. Durch eine richtige Schulung hätte er die richtige Vorgehensweise und Entscheidungskriterien erlernt.

Conway et al. (nach Weuster, 2008) konnten ebenfalls in ihrer Metaanalyse herausfinden, dass die Reliabilität der Verantwortlichen durch gezieltes Training gesteigert werden kann. Reliabilität bedeutet Zuverlässigkeit und, dass eignungsdiagnostische Verfahren zum einen keine Messfehler enthalten und zum anderen bei einer erneuten Wiederholung zu denselben Ergebnissen führen. (Lau,2015)

4.3. Das strukturierte Gespräch

Wenn sowohl das Anforderungsprofil erstellt wurde und die Beteiligten geschult sind, tritt das Bewerbungsgespräch ein. Bei der Durchführung der Personalauswahl ist ein strukturiertes Gespräch zu empfehlen, da man durch die Strukturiertheit die Bewerber/innen besser miteinander vergleichen kann. (Landes & Steiner, 2013, S.186) Bei einem strukturierten Bewerbungsgespräch liegen demnach bestimmte und einheitliche Fragestrukturen und Anforderungen vor, die durch die Anforderungsanalyse bestimmt werden. Auch die Beurteilungskriterien werden einheitlich vorgegeben.

Im Vergleich dazu ist nach Nicolai (2006) bei unstrukturierten Vorstellungsgesprächen der Gesprächsverlauf völlig offen. Dadurch werden unterschiedliche Themenschwerpunkte besprochen und es ist schwer, die Gespräche im Nachhinein zu vergleichen. Dabei wird sich lediglich auf die Menschenkenntnis, Intuition oder der „gleichen Chemie" entschieden. Aus diesem Grund ist ein strukturiertes Bewerbungsgespräch zu empfehlen, „sodass die Ergebnisse objektiver und vergleichbarer sind." (Felfe, 2012)

Das Bewerbungsgespräch ist in Deutschland mit einer Durchführungsquote von nahezu 100% das „mit Abstand häufigste und bekannteste Verfahren zur Eignungsfeststellung und Auswahl von Bewerbern" (Lau,2015)

Diese relative Häufigkeit bestätigte auch Fauler (2015), welches in der folgenden Abbildung dargestellt ist:

Instrument	Relative Häufigkeit
Strukturiertes Interview	100%
Zeugnisanalyse	86%
Bewerbungsanalyse	86%
Assessment Center	86%
Arbeitsprobe	43%

Instrument	Relative Häufigkeit
Personalfragebogen	43%
Unstrukturiertes Interview	14%
Leistungstest	14%
Gruppengespräch	14%
Medizinische Begutachtung	14%

Abbildung 4.2. Relative Häufigkeit der verschiedenen eignungsdiagnostischen Instrumente (Fauler, 2015)

Außerdem ist nach Lau (2015) die prognostische Validität von strukturiertem Interview, gemessen durch diverse Studien, zwischen 0,4 und 0,5 verlässlich hoch. Die prognostische Validität gibt an, ob prognostizierte Effekte, die empirisch belegt sind, tatsächlich eintreten beziehungsweise eingetreten sind. Die nachfolgende Abbildung 4.3. zeigt zum einen die drei Ansätze der Eignungsdiagnostik (Biographie-, Eigenschafts,- und Simulationsorientiert) und zum anderen die Wichtigkeit des strukturierten Bewerbungsgesprächs aufgrund der hohen prognostischen Validität:

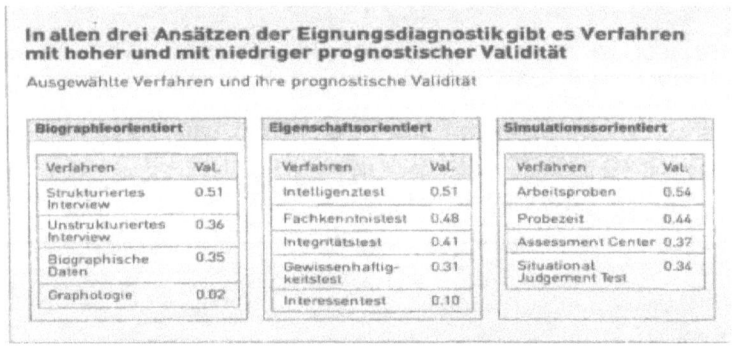

Abbildung 4.3.Ausgewählte Verfahren und ihre prognostische Validität (Lau, 2015)

Wenn das strukturierte Interview erfolgreich durchgeführt ist und der Bewerber sich im Unternehmen eingelebt hat, ist es sinnvoll, eine Arbeitsprobe zu absolvieren, damit man sehen kann, ob die Aufgaben vom neuen Mitarbeiter ordentlich absolviert werden. Dieses hätte z.B. auch Herr Müller bei Herrn Ulm tätigen sollen, um weitere Folgen zu vermeiden.

„Bei der Arbeitsprobe werden wichtige Ausschnitte der Arbeitstätigkeit simuliert und das Verhalten des Probanden in diesen Situationen sowie das Arbeitsergebnis einer systematischen Beobachtung unterzogen" (Lau,2015)

Doch was für Ziele bezweckt eigentlich ein Bewerbungsgespräch? Nach Berthel und Becker (zitiert nach Lau,2015) gewinnt man einen persönlichen Eindruck über den Bewerber, ermittelt sowohl die Erwartungen und Zielvorstellungen des Bewerbers, als auch fehlende Daten zur Person wie z.b. zum aktuellen Leistungsstand und wie oft der Bewerber eingesetzt werden kann und wird. Vor allem werden auch gegebenenfalls unrealistische Erwartungen des Bewerbers korrigiert.

Außerdem kann der Personalverantwortliche durch die strukturierte Vorgehensweise seine Aufmerksamkeit auf zusätzliche Informationen richten, wie z.b. die Basisrate. Der strukturierte Gesprächsleitfaden für das Bewerbungsgespräch hätte Herrn Müller demnach nutzen können, um nicht der Basisrate zu verfallen.

5. Persönliche Sichtweise und Einschätzung der Machbarkeit der vorgestellten Empfehlungen

Diese wissenschaftliche Hausarbeit hat durch das Fallbeispiel gezeigt, dass es in der Personalauswahl zu Fehlentscheidungen kommen kann. Aufgrund von Heuristiken und schnellem Urteilen, werden auch zukünftig vermutlich weiter Menschen in die falsche Kategorie zugeordnet.

Es stellt sich nun die Frage, inwiefern die zuvor beschriebenen Handlungsempfehlungen machbar erscheinen. Aus Sicht der Autorin ist es zunächst sinnvoll, dass den Personalverantwortlichen deutlich gemacht wird, was für eine Verantwortung ihre Entscheidung hat und, dass die Folgen sich derartig ausweiten können. Zum Einen kann zum Beispiel durch eine Fehlbesetzung die Leistungsbereitschaft sinken und auch das Betriebsklima im gesamten Unternehmen verschlechtert sich. (Lippold, 2014) Zum anderen weist der Geld-Faktor finanzielle Folgen auf, denn es entstehen z.B. neue Suchkosten für eine neue Besetzung. Diese große Tragweite muss den Personalverantwortlichen bewusst gemacht werden.

Es scheint empfehlenswert, dass eine Anforderungsanalyse durchlaufen wird. Dadurch entsteht ein Anforderungsprofil und man erkennt schwarz auf weiß, was für soziale Eigenschaften der Bewerber aufweisen sollte, um eine gute Besetzung für die Position zu sein. Außerdem wird durch ein Anforderungsprofil sichtbar, welche Aufgabe von der neuen Besetzung im Unternehmen übernommen werden soll, welche Kenntnisse er liefern sollte.

Durch diese schon zu Anfang strukturierte Vorgehensweise wird die Gefahr gemindert, Urteilsverzerrungen zu unterliegen.

Eine Schulung der Beteiligten ist nach der Meinung der Autorin ebenfalls sinnvoll und machbar. Dadurch lernen diese wie in den Handlungsempfehlungen beschrieben die richtigen Vorgehensweisen und Entscheidungskriterien,

Der weitere wichtige Punkt, der empfehlenswert scheint, ist ein strukturierter Aufbau. Dieser liefert einen roten Leitfaden für die Personalverantwortlichen, sodass diese nicht der Urteilsverzerrungen unterlegen. Ebenfalls kann man daraus ableiten, dass alle Bewerber gleich behandelt werden, und keiner aufgrund eines Prototyps oder der Basisrate vernachlässigt wird. Auch das Unternehmen selbst wirkt aus der Sicht des Bewerbers strukturiert.

Aus Sicht der Autorin ist es deswegen sinnvoll, bei der Personalauswahl die Personalverantwortlichen zunächst zu schulen und anschließend eine Kombination des zuvor erstellten Anforderungsprofils und des strukturierten Aufbaus zu wählen. Für kleinere Unternehmen erscheint eine vollständige Anforderungsanalyse nicht machbar, da diese sehr zeitaufwändig sind. Doch da gerade Fehlbesetzungen in kleineren Unternehmen große Auswirkungen aufweisen, sollte gerade dort eine Analyse und Struktur für die Personalauswahl gebildet werden. Vergleichsweise zu großen Unternehmen kann die Analyse bei Kleineren jedoch nicht ganz so komplex ausfallen. Die kleineren Unternehmen sollten sich nach der Meinung der Autorin trotzdem im Vorfeld ein kleines Profil des Prototyps der Besetzung erstellen.

Zuletzt ist es empfehlenswert, zu dem strukturierten Aufbau eine intuitive Bewertung nicht zu ignorieren. Doch was bedeutet eigentlich Intuition?

„Die Intuition ist die Summe von Erfahrungen. Intuition ist ja nichts, was sozusagen schon immer da war, sondern das ist eine bestimmte psychische Funktion, welche sozusagen ganzheitliche Dinge zusammenbringt. Aber diese Funktion muss mit Erfahrungswissen gefüllt sein" (Kleebaur, 2007)

Damit dieses Erfahrungswissen genutzt wird, ist es eine weitere Empfehlung der Autorin, aufgrund des Bauchgefühls bzw. der Intuition für die Personalauswahl zu beurteilen, denn diese mit eigenen Erfahrungen erworbene Kompetenz der Intuition verfestigt sich im Laufe der Zeit implizit. (Kleebaur, 2007)

Doch auch wenn jede dieser Empfehlungen beachtet wird, stellt man sich immer noch die Frage: „War das die richtige Entscheidung?"

Literaturverzeichnis

Eyseneck, Michael W. & Keane, Mark T. (2005) *Cognitive Psychology: A Student's Handbook.* Ohne Ortsangabe: Taylor & Francis

Fauler, Sascha (2015) *Gleichbehandlung in der Personalbeschaffung: Risikofaktor AGG?* Ohne Ortsangabe: diplom.de

Felfe, Jörg. *Arbeits-und Organisationspsychologie.* (2012) Stuttgart: W.Kohlhammer Druckerei GmbH + Co. KG

Fischer, Peter & Asal,Kathrin & Krueger, Joachim (2013) *Sozialpsychologie für Bachelor.* Ohne Ortsangabe: Springer-Verlag

Gerrig,Richard J & Zimbardo, Philip (2015) *Psychologie- 20., aktualisierte Auflage.* Hallbergmoos: Pearson Deutschland GMBH

Gilovich,Thomas & Griffin, Dale & Kahnemann, Daniel (2002) *Heuristics and Biases: The Psychology of Intuititive Judgment.* Cambridge University Press

Goldberg, Joachim & Von Nitzsch, Rüdiger(2004), Behavioral finance: gewinnen mit Kompetenz. Ohne Ortsangabe: FinanzBuch Verlag

Grünig, Rudolf & Kühn, Richard (2009) *Entscheidungsverfahren für komplexe Probleme: Ein heuristischer Ansatz.* Ohne Ortsangabe: Springer Science & Business Media

Kahneman, Daniel & Tversky, Amos (1982) *Judgment under Uncertainty: Heuristics and Biases.* New York: Cambridge University Press (Abschnitt in: Lamberts, Koen(2008) *Cognitive Science Volume VI.* Los Angeles, London, New Delhi, Singapore: SAGE Publications)

Kampert, Otmar & Winter, Wolfgang (2012) *Xenia, Griechisches Unterrichtswerk.* Bamberg: C.C. Buchners Verlag

Kirchler, Erich (2011) *Wirtschaftpsychologie: Individuen, Gruppen, Märkte, Staat.* Ohne Ortsangabe: Hogrefe-Verlag

Kleebaur, Carolina (2007*) Personalauswahl zwischen Anspruch und Wirklichkeit. Wissenschaftliche Personaldiagnostik vs. Erfahrungsbasiert-intuitive Urteilsfindung.* Ohne Ortsangabe: Rainer Hampp Verlag

Landes, Miriam & Steiner, Eberhard (2013) *Psychologie der Wirtschaft.* Ohne Ortsangabe: Springer-Verlag

Lau, Viktor (2015) *Grundlagen der Eignungsdiagnostik. Professionelle Methoden der Personalauswahl.* Stuttgart: Steinbeis-Edition

Lippold, Stefan (2014) *Systematische Personalauswahl: Bestandsaufnahme und innovative Ansätze zur Weiterentwicklung.* Ohne Ortsangabe: disserta Verlag

Müller-Vivil, Alexander(2013) *Kommunikationsintendierte Risikopolitik von Unternehmen.* Ohne Ortsangabe: Springer-Verlag

Nicolai, Christiana (2006) *Personalmanagement.* Stuttgart: Lucius & Lucius Verlagsgesellschaft mbH

Raithel, Jürgen(2007) *Quantitative Forschung: Ein Praxiskurs.* Ohne Ortsangabe: Spinger-Verlag

Rohrschneider, Uta & Friedrichs, Sarah & Lorenz, Michael (2010) *Erfolgsfaktor Potenzialanalyse: Aktuelles Praxiswissen zu Methoden und Umsetzung in der modernen Personalentwicklung.* Ohne Ortsangabe: Springer-Verlag

Schuh, Steven (2009) *Umfragen als Anker? Studien zur Wirkung rezipierter Umfrageergebnisse.* Ohne Ortsangabe: Springer-Verlag

Strack, Rainer & Baier, Jens & Keupp, Dominik & Renz,Andreas & Rietschel, Carl(2015) *Die halbierte Generation – Die Entwicklung des Arbeitsmarktes und ihre Folgen für das Wirtschaftswachstum in Deutschland.* The Boston Consulting Group (http://www.bcg.de/documents/file193349.pdf)

Werth, Prof. Dr. Lioba., & Knoll, Dipl-Psycho. Michael (2013). *Soziale Kognition Grundlagen sozialer Informationsverarbeitung und sozialen Verhaltens.* Hamburg: Euro-FH.

Werth, Lioba, & Mayer, Jennifer (2008) *Sozialpsychologie.* Berlin Heidelberg: Springer Verlag

Weuster, Arnulf (2008) *Personalauswahl: Anforderungsprofil, Bewerbersuche, Vorauswahl und Vorstellungsgespräch.* Ohne Ortsangabe: Springer- Verlag